OBSERVATIONS

DU COMTE DEFERMON,

Sur les Dénonciations et Accusations portées contre lui.

I

APRÈS avoir rendu compte du parti pris par Bonaparte, de se rendre sur un brick, armé en parlementaire, à la croisière anglaise, devant la rade d'Aix, le Moniteur n.° 199, (18 juillet 1815) ajoutoit « c'est ainsi que sous le refuge du pavillon blanc, » Bonaparte a terminé l'entreprise conçue par lui, et » exécutée à l'aide de MM. Labedoyère, Ney, » Bassano, Savary, Bertrand, d'Erlon, Regnaud de » Saint-Jean-d'Angely, Lefevre-Desnouettes, Bou- » Jay de la Meurthe, *Defermon*, Etienne, et Mes- » dames Hortense, Souza et Hamelin. »

Je regardai cette dénonciation, qui m'associoit à des personnes dont plusieurs me sont inconnues, comme l'effet de l'animosité de l'esprit de parti ; mais je fus bientôt convaincu de toute l'influence de cette dénonciation ; car, dès le 18 au soir, je reçus de M. le Préfet de police, une invitation de me rendre le lendemain auprès de lui, et il me notifia qu'il avoit été chargé de me donner ordre de quitter Paris.

Ce ne fut qu'un ordre verbal, et il me fut donné

avec toute la politesse qui en pouvoit adoucir l'amertume. La situation de ma fortune, et mon gout, m'auroient fait prévenir les ordres de la police, si ma maison de campagne n'eût été occupée par les Alliés, je m'empressai d'y rentrer avec le chagrin de n'y pouvoir réunir toute ma famille.

L'Ordonnance royale, du 24, vint ajouter à mes sollicitudes : elle ne s'étend pas à tous ceux qui étoient dénoncés dans le Moniteur, mais elle me comprend avec un plus grand nombre d'invidus, auxquels elle enjoint de sortir de Paris dans trois jours, et de se retirer dans l'intérieur de la France, dans les lieux que leur indiquera le Ministre de la police générale, et où ils resteront sous sa surveillance, *en attendant que les* Chambres statuent sur ceux d'entre eux qui devront ou sortir du royaume, ou être livrés à la poursuite des tribunaux. J'ai demandé au Ministre de la police de me laisser, s'il étoit possible, à Courbevoye, où je pouvois donner à l'éducation de mes enfans, les soins qu'elle nécessite ; on a exigé que je fusse plus éloigné de Paris, et j'ai été autorisé à me retirer en Bretagne, dans une campagne que je possède de l'héritage de mon père.

Mais s'il m'est impossible de voir et d'entretenir ceux qui sont appelés à me juger, je dois à mon honneur et à mes concitoyens, de ne pas rester sans défense sous le coup d'une dénonciation et d'une accusation qui suposent que j'ai commis un crime, et je dois aux juges qui me sont donnés, d'éclairer leur conscience.

Je n'examinerai point si l'on ne devoit porter atteinte à ma liberté, que dans les formes et suivant les lois constitutionnelles : l'Ordonnance du 24 juillet déclare qu'elle déroge à ces lois, pour ce cas seulement, et met ainsi ceux qu'elle veut atteindre, hors de la sauve-garde des formes et des lois constitutionnelles. Le Roi, dans sa Proclamation du 28 juin, déclare qu'il ne veut exclure de sa présence, que ces hommes dont la renommée est un sujet de douleur pour la France, et d'effroi pour l'Europe. Le Moniteur me dénonçoit pour avoir aidé, avec ceux qu'il dénomme, l'exécution de l'entreprise de Bonaparte ; l'ordonnance du 24 n'articule et ne précise aucun fait contre moi, et ma défense en devient d'autant plus difficile. J'ai bien l'intime conviction d'être exempt de pareils reproches, je suis entièrement étranger aux faits imputés par l'art. 1.er de cette Ordonnance, aux individus y désignés ; et si l'on peut critiquer mes opinions, je ne crains pas qu'on puisse m'accuser de faits criminels, ou d'intentions coupables.

Ma carrière politique a commencé avec la révolution : jeune encore, je possédois tout ce qui peut être raisonnablement désiré ; une épouse qui faisoit mon bonheur, un état qui élevoit ma fortune au-dessus de la médiocrité, et l'estime de mes concitoyens.

Je reçus en peu de temps deux témoignages éclatans de cette estime : nommé Député aux états de Bretagne, je le fus bientôt après aux États-Généraux.

J'eus l'honneur d'être appelé, par les suffrages de mes collègues, à la présidence de l'Assemblée consti-tuante, et lorsqu'elle finit sa session, je retournai à Rennes, pour y présider le tribunal criminel, présidence à laquelle j'avois été élu par le college électoral du département.

Je me livrois tout entier à ces pénibles fonctions, lorsque je fus nommé Député à la Convention nationale.

Une armée prussienne s'avançoit dans les plaines de la Champagne, et menaçoit Paris ; les massacres des prisons avoient étendu sur cette ville un crêpe funèbre ; la vue des dangers ne m'arrêta pas, et je me rendis à la Convention avec l'espoir d'y trouver une majorité d'hommes bien intentionnés.

Mais la terreur exerça bientôt son empire et ceux qu'elle ne put subjuguer furent envoyés à l'écha-faud, ou proscrits.

Mis hors la loi, sur un rapport fait par un membre (*) du comité de salut public, avec lequel je me trouve aujourd'hui proscrit par l'ordonnance du 24 juillet, je fus assez heureux pour échapper aux proscripteurs, et pour trouver, dans mon département, des amis généreux, qui me donnèrent azile et protection, sans se laisser intimider par les lois, qui punissoient de mort cette générosité.

Je vécus, dans la retraite, jusqu'au moment où l'anarchie se déchira elle-même, et où les proscrits

______

(1) M. Barrère.

furent rappelés dans le sein de la Convention nationale.

Lorsque mes fonctions législatives finirent, je rentrai dans mon département; mais à peine y étois-je arrivé, que les deux conseils législatifs me nommèrent commissaire de la trésorerie nationale, et je l'étois encore au dix-huit brumaire an 8, quand je fus appelé à la section des finances du conseil d'Etat, que j'ai présidée jusqu'à la première abdication de Bonaparte.

Dans les fonctions qui m'ont été successivement confiées, soit de Conseiller-d'Etat, soit de Directeur général de la liquidation, ou d'Intendant-général du domaine extraordinaire, je me suis toujours attaché à prouver mon amour de la patrie, et mon respect pour les lois.

Je ne doute pas que la Direction générale de la Liquidation ne m'ait souvent fait imputer la rigueur de sa législation; et, cependant, je puis affirmer que je l'ai fait adoucir toutes les fois que les circonstances me l'ont permis.

J'ai dû encore m'attirer la haine de plusieurs hommes dont j'ai eu à examiner les comptabilités, et dans lesquelles il a été découvert d'énormes falsifications, ou d'autres abus dont la preuve les a obligés à des restitutions plus ou moins importantes.

Ma conduite, du moment de la première abdication de Bonaparte jusqu'à celui de son retour à Paris, a été celle d'un citoyen soumis aux lois et au Gouvernement établi.

J'étois parti de Paris le 29 mars 1814, sur l'ordre qui me fût donné de suivre l'Impératrice ; j'y rentrai le 10 avril, et donnai mon adhésion aux actes du Sénat. Remplacé dans mes fonctions, comme la plupart de ceux qui avoient obéi à l'ordre de suivre l'Impératrice, je me retirai à la campagne, où je ne m'occupai que de l'éducation de mes enfans et de mes affaires personnelles long-temps négligées.

Seulement à l'époque de l'Ordonnance du Roi sur l'organisation de son Conseil, je me permis d'adresser à Sa Majesté l'expression de ma reconnoissance sur la pension de 4,000 francs qui m'étoit accordée comme membre de l'ancien Conseil, et je soumis en même-temps au Roi une opinion que j'avois présentée au Conseil d'Etat, en nivose an 12, sur la situation prospère des finances à cette époque, et sur les inconvéniens et les dangers d'admettre la proposition du Ministre d'établir les droits-réunis.

Dans ma retraite, je jouissois de la paix et du bonheur domestiques ; je n'ai pas plus à redouter l'examen sévère de ma vie privée que de ma vie publique ; et si j'ai gémi quelquefois des erreurs dans lesquelles je croyois voir qu'on entraînoit le Roi, j'étois loin de regretter les prestiges des hautes fonctions, et je rendois grâces à la Providence de m'avoir arraché au tourbillon des affaires, au moment où mon âge me faisoit désirer le repos.

Celui dont je jouissois fut troublé par une dénonciation portée contre moi à la Chambre des Députés, pour violation prétendue des lois de la Liquidation générale, abus d'autorité et arbitraire dans leur application, quoique l'acte dénoncé fût une décision émanée du Conseil de Liquidation, et d'ailleurs à l'abri de tout reproche.

Un soi-disant avocat fit imprimer un volume, sous le titre de *Vie politique de tous les Députés à la Convention nationale*, le dédia au premier gentilhomme de la chambre, et en reçut une réponse flatteuse qu'il eut soin de mettre en tête de son ouvrage, pour lui faire obtenir quelque crédit : indignement calomnié dans l'article qui me concernoit, l'auteur l'a cartonné; et il n'est resté entier que dans quelques exemplaires qu'on avoit distribués.

Inconnu certainement à l'auteur de la dénonciation et à celui de l'ouvrage, je n'ai pu les regarder que comme les instrumens des passions d'autrui. Je n'ai point encore oublié à quels excès peut se porter la fureur de parti : quand j'en fus victime en 1793, le décret du 28 juillet, qui me mit hors la loi, prononça cette peine sur le motif que je m'étois soustrait au décret du 2 juin, et que j'étois allé prêcher la révolte dans les départemens de l'Eure et du Calvados; cependant je n'avois pas été compris dans le décret du 2 juin, et j'étois resté dans l'Assemblée, tandis que mes collègues avoient dû s'en éloigner.

Au 18 fructidor an 6, lorsqu'une partie des Députés fut condamnée à la déportation, j'étois Commissaire de la Trésorerie; n'ayant pu me comprendre au nombre des proscrits, le Directoire exécutif adressa le 21 un message au Conseil des Cinq-Cents, pour provoquer la sévérité de cette Assemblée contre les Commissaires de la Trésorerie, et nommément et spécialement *contre moi* ; mais cette dénonciation étoit si peu fondée, qu'elle resta sans suite.

Si, en 1793, je fus mis hors la loi par les ennemis de la royauté ; si, en fructidor an 6, je faillis encore être proscrit ; si, lors du 18 brumaire an 8, j'eus le bonheur de concourir à arracher notre patrie aux fureurs de l'anarchie prête à ressaisir son sceptre de fer, ne peut-il pas paroître étrange que je sois aujourd'hui proscrit comme ennemi du Gouvernement monarchique, comme un homme dont la renommée seroit un sujet de douleur pour la France et d'effroi pour l'Europe ?

J'ignore assurément si le retour de Bonaparte étoit un projet concerté avec des militaires ou d'autres citoyens, et *j'atteste que je n'ai eu avec lui et les membres de sa famille aucun rapport direct ou indirect, pendant son séjour à l'île d'Elbe.* Je n'ai appris son débarquement, sa marche et son arrivée que par les papiers publics, et je ne suis revenu à Paris que le 22 mars.

Je ne suis allé dans cette ville que deux fois dans le cours de 1814, et pour affaires d'intérêts particuliers ; encore n'y ai-je passé, chaque fois, que quelques heures. Je n'ai eu, *pendant cette année et jusqu'au 22 mars 1815,* dans ma retraite, ni ailleurs, aucun rapport avec les hommes qui, comme moi, sont accusés d'être complices de conspiration.

J'ai été, autant par caractère que par principes,

toujours étranger aux intrigues. Bonaparte avoit traversé la moitié de la France sans obstacles, il s'étoit replacé sur le trône; il avoit annoncé, dès le 13 mars, le prochain retour de l'Impératrice et de son fils ; il promettoit à la Nation une constitution et des lois libérales ; il avoit rappelé la plupart de ses Ministres de départemens et beaucoup d'autres fonctionnaires à leurs anciennes fonctions, quand je fus rappelé avec mes collègues, le 24 mars, au Conseil-d'Etat. Je ne fus pas réintégré dans mes fonctions d'Intendant-général du Domaine extraordinaire.

J'ai pris part, jusqu'au retour du Roi, aux délibérations du Conseil-d'Etat et à celles des Conseils privés auxquels j'ai été appelé comme Ministre d'Etat.

Un décret du 6 avril créa une Caisse de l'Extraordinaire, et j'en fus nommé Directeur. Elle avoit pour objet de distribuer des secours aux habitans de quelques départemens pour aider à la reconstruction de leurs maisons detruites par l'effet de la guerre, et aux donataires qui étoient privés de toutes leurs dotations. Je n'avois le maniement d'aucuns deniers, et je n'ai délivré d'ordonnances que sur la justification par les parties de leur droit à les obtenir.

Les Collèges électoraux ayant été convoqués, je fus le premier des Députés nommés par le Collége électoral de mon département, quoique j'en sois depuis plus de vingt ans absent et éloigné. Le Collége d'arrondissement de Rennes m'a encore donné *dernièrement* un témoignage d'estime, en me nommant un de ses candidats à la députation du département.

Je ne me flatte pas d'avoir été exempt d'erreurs d'opinions, soit dans les Conseils, soit dans la Chambre des Représentans; mais ce ne seroit pas assez d'avoir écarté, par l'Ordonnance du 24, les formes et les lois constitutionnelles, il faudroit encore violer tous les principes généralement reçus et consacrés, pour rendre les Conseillers et Ministres d'état sans département, et les Membres de la représentation nationale, responsables de leurs opinions.

Comment, d'ailleurs, pourroit-on vouloir m'appliquer cette responsabilité, sans l'appliquer à tous les Ministres et à tous les Membres des Conseils? On sait bien que je n'avois que voix consultative, et que le Chef de l'État ne se croyoit pas lié même par l'opinion de la majorité; il pourroit donc se faire qu'on m'imputât d'avoir pris part à des actes adoptés contre mon opinion et contre celle de la majorité du Conseil.

Il serait même possible que l'on m'imputât des actes qui portent qu'ils ont été rendus, *le Conseil d'état* ou les *Ministres d'état entendus,* quoiqu'ils n'aient été ni discutés ni délibérés en ma présence.

Enfin, je puis ajouter qu'il en a été publié, en référant qu'ils étoient signés de moi, quoique je ne les eusse pas revêtus de ma signature.

Mais au reste, je ne prétends pas dissimuler mes opinions : je repris mes fonctions le 24 mars, et dès ce moment je me fis un devoir de les remplir avec fidélité. J'ai dû parler et agir en conséquence, autrement j'aurois trahi mes sermens et menti à ma conscience.

Il s'en falloit bien que l'acte additionnel aux constitutions de l'Empire eût rempli mes espérances et mes désirs; il s'en falloit bien aussi que j'eusse conseillé ou approuvé toutes les mesures qui étoient prises, mais j'avois juré soumission aux constitutions et à l'acte additionnel, et fidélité à l'Empereur; j'avois accepté la nomination du Collége électoral de mon département rassemblé en exécution de ces constitutions; j'ai cru de mon devoir de les défendre, et je l'ai fait franchement et loyalement. Qu'on lise la lettre écrite le 7 juillet par la Commission du Gouvernement provisoire, on y verra : « que le 6 » elle croyoit encore que les intentions des Sou- » verains n'étoient point unanimes sur le choix du » Prince qui devoit régner en France ». Or, si les Dépositaires du pouvoir exécutif éto nt dans cette erreur, comment pourroit-on faire un crime à ceux qui étoient moins à porté d'être instruits de la véritable intention des Souverains, d'avoir désiré que tout changement fût ajourné jusqu'à ce qu'on eût obtenu la Déclaration si importante qui leur étoit demandée.

Les événemens sur lesquels je ne pouvois rien ont changé la situation politique de la France; ce changement peut-il faire regarder comme criminel, ce qui autrement eût été exempt de tout reproche ?

Je ne le pense pas; mais si l'esprit de parti et les passions qu'il excite, peuvent en faire juger autrement; cette fois encore, je ne suis pas moins résigné qu'en 1793 et en l'an 6, à tout supporter; trop heureux que ma conscience ne me reproche rien; trop heureux de penser que je conserve tous mes droits à l'estime de mes concitoyens.

Ce n'est donc qu'avec peine que je vais me permettre quelques réflexions sur les opinions dont, sans doute, on me fait des crimes, elles me ramèneront sur des circonstances dont le souvenir doit être pénible à tout bon français; mais on ne peut blâmer ce que commande la nécessité d'une juste défense.

A l'époque de 1789, je professai ouvertement les principes qui sont encore dans mon cœur, et qui sont consacrés par la Charte constitutionnelle donnée par le Roi. J'ai fait tout ce qui étoit en mon pouvoir pour prévenir ou arrêter les excès; ma fermeté à la Convention nationale m'attira la mise hors la loi du 28 juillet 1793.

Ma conduite, après mon rappel de proscription, me concilia de plus en plus l'estime publique et celle de mes collègues. Réélu à la fin de la Convention, par presque tous les départemens, je fus, à ma sortie des fonctions législatives, nommé par les deux Conseils, Commissaire de la Trésorerie.

J'en remplis les fonctions avec une loyauté qui déplut, et pour m'éloigner on tenta de me faire proscrire; mais l'on ne réussit pas.

Le compte que rendirent les Commissaires de la

Trésorerie de l'exercice an 6, suffiroit pour prouver avec quel zèle ils cherchoient à établir le bon ordre dans les finances; mais leurs efforts devinrent illusoires, lorsqu'il fallut pourvoir aux dépenses de nouveaux préparatifs de guerre.

Le désordre s'accrut au point que non-seulement toutes les recettes étoient insuffisantes, mais qu'on absorboit par des délégations faites aux fournisseurs, les produits futurs des contributions directes et indirectes.

Le Trésor fut réduit à ne pas recevoir 100,000 fr. par jour, tandis qu'il auroit dû payer plusieurs millions. Les murmures des créanciers, les inquiétudes du public, les débats qui s'élevoient dans les deux Conseils, tout annonçoit une catastrophe prochaine, et les bons citoyens redoutoient le retour des excès de 1793.

Ce fut dans ces circonstances difficiles que Napoléon Bonaparte fut appelé, comme premier Consul, avec un second et troisième Consul, à exercer le pouvoir exécutif, et que fut donné l'Acte des constitutions de l'an 8.

Nommé, par les Consuls, Conseiller d'état et Président de la Section des finances, je connoissois autant que personne combien il faudroit surmonter d'embarras et de difficultés pour ramener l'ordre dans cette partie; mais je ne désespérois pas du succès, et c'en fut assez pour me faire accepter.

Mes espérances ne tardèrent pas à se réaliser; l'exercice de l'an 8 ne présentoit que 421,000,000 de fr.

en recettes, et les dépenses étoient présumées de 600,000,000 de fr. Les comptes rendus de l'an 8 prouvent que dès cette année, les recettes s'élevèrent pour cet exercice, à 503,000,000 de fr., et que toutes les dépenses du même exercice furent pleinement acquittées par 501,000,000 fr.

Si l'on demandoit comment on obtint des résultats aussi heureux, je répondrois que dans les premières années, le Conseil d'état se réunissoit à dix heures tous les jours, et que ses séances se prolongeoient jusqu'à quatre et souvent au-delà; que des Conseils d'administration étoient tenus tous les soirs, de neuf heures à minuit; que toutes les affaires publiques, toutes les parties de l'Administration étoient soumises à des examens sévères et approfondis; que la surveillance la plus rigoureuse s'exerçoit sur tous les Fonctionnaires, et qu'en encourageant ceux qui le méritoient par leurs talens et leur zèle, on renvoyoit les incapables et réprimoit sévèrement ceux qui s'écartoient de leurs devoirs.

L'an 11 promettoit plus de ressources encore que l'an 10, les revenus publics augmentoient, quoiqu'on ne créât pas de nouveaux impôts; la France n'avoit alors ni les droits-réunis, ni les droits de consommation sur les denrées coloniales, et cependant, les revenus publics s'élevèrent à 550,000,000 de francs.

Les succès militaires de N. Bonaparte, et de tels résultats dans l'administration, promettoient à la Nation française une longue suite d'années de prospérité et de bonheur; elle sembloit même n'avoir pas à redouter la corruption ordinaire des cours : l'on ne voyoit guère, chez le premier Consul, que les Ministres français ou étrangers, les généraux, et d'autres fonctionnaires des premières classes.

Mais l'ambition ne tarda pas à changer cet heureux état des choses, et à jeter la Nation dans des guerres qui devoient finir par l'épuiser; je puis dire que j'ai souvent représenté à Bonaparte la situation dans laquelle s'étoit trouvé Louis XIV, après avoir fait trembler l'Europe. Il y avoit, dans le conseil, plusieurs membres qui lui tenoient le même langage, et lorsqu'il épousa l'Archiduchesse Marie-Louise, il nous rassura, en nous disant qu'il n'avoit plus que des projets de paix, et qu'il trouveroit assez de gloire à s'occuper du bonheur des Français.

L'espoir que nous en avions conçu ne fut pas de longue durée, et enfin, sa carrière politique parut terminée par l'abdication à laquelle la force de ses ennemis le réduisit.

La paix de 1814 ne fut accordée à la France qu'à des conditions onéreuses, sans doute, mais comme, en conservant ses anciennes limites, elle devoit conserver sous son Roi, un Gouvernement constitutionnel, tout bon Français ne pouvoit former d'autre vœu que de voir respecter la charte constitutionnelle, et réparer, par une longue paix, l'épuisement de la Patrie.

Je puis assurer que telle étoit ma façon de penser et de voir; mais bientôt on ne pût se dissimuler qu'il existoit en France un parti, peu nombreux sans doute, mais exerçant une assez grande influence sur les dernières classes du peuple, et ce parti se composoit d'hommes qni auroient voulu faire disparoître jusqu'aux dernières traces des institutions libérales, garanties par la charte constitutionnelle.

Les débats, dans la Chambre des Pairs et des Députés, ne permettoient pas même de douter que parmi les Ministres du Roi, il n'y eût des partisans de ce systême, anti-constitutionnel.

Le mécontentement de l'armée se manifestoit moins, mais plus il étoit concentré, plus il étoit dangereux.

Si cette disposition des esprits peut être supposée l'effet d'une conspiration, en faveur de N. Bonaparte, et si réellement il a existé une conspiration, c'est sur quoi je ne puis que répéter que *je n'aj pris part à aucun projet, ni eu aucune connoissance de conspiration ou de projet de conspiration.*

Mais si un événement dut jamais paroître extraordinaire, c'est la rentrée en France de Bonaparte, avec 1,200 hommes; la rapidité de sa marche, du Golfe Juan à Paris. L'abandon presque général du Roi, par ceux même que la reconnoissance, autant que le devoir, devoit porter à tout sacrifier pour sa défense.

Que tout homme sans prévention, et que chacun de ceux appelés à me juger, se mette à ma place. J'apprends dans ma retraite, par les feuilles publiques, la descente de Bonaparte au Golfe Juan, son entrée

à Grénoble et à Lyon, sa marche sur Paris; la
nouvelle du départ du Roi m'est à peine parvenue,
qu'elle est suivie de celle que Bonaparte est arrivé
dans la capitale, de la reprise qu'il a faite des rênes
du Gouvernement, du rappel de ses Ministres, et
même de divers fonctionnaires qui avoient occupé
des places sous le Gouvernement royal. Tous, sans
doute, en acceptant, avoient été entraînés par le
désir de garantir la Patrie des désordres de l'anarchie ou des déchiremens de la guerre civile; je fus
rappelé au Conseil-d'état; comment me feroit-on un
crime d'avoir accepté comme les autres ? Comment
me jugeroit-on plus coupable que ceux appelés par
le Roi à son service.

Or, si l'on ne peut me faire un crime d'être rentré
au Conseil-d'état, on le peut bien moins encore de
ce que j'ai rempli mes fonctions avec honneur et
loyauté. Les personnes dont je suis connu me ren-
dront, je l'espère, la justice d'attester que j'ai toujours été éloigné de la basse adulation, et de la
corruption, et que je n'ai jamais été séduit par les
illusions de la fortune : je n'ai pas à rougir de celle
que je possède; elle est médiocre, et je pourrois fa-
cilement la justifier aux yeux des censeurs les plus
sévères.

Ce ne fût que par dévouement à la Patrie que
je me déterminai à quitter ma retraite, c'est le même
dévouement qui dicta toujours mes opinions; elles
ont constamment tendu au maintien du régime cons-

2

litutionnel, et à éteindre les germes de discorde entre les Français.

Qu'on se pénètre de la difficulté des circonstances dans lesquelles on se trouvoit, lorsque l'armée française, retirée sous Laon, demandoit pour qui l'on vouloit qu'elle se battît. Que l'on considère que c'est à sa réunion sous les murs de Paris, que sont dues la capitulation de cette ville et la conservation des départemens au-delà de la Loire. Qu'on envisage les suites qu'auroit pu avoir la dissolution entière de cette armée, au moment où la France étoit menacée d'une invasion générale, et où l'on ignoroit quel Prince les puissances alliées vouloient donner à la France ; et si l'on peut juger mauvaises les opinions que j'émis alors dans la Chambrée des députés, l'on conviendra du moins qu'elles pouvoient n'être dictées que par mon entier dévouement à la Patrie et le profond sentiment des malheurs auxquels je la voyois en proie.

Si, en ma qualité de Doyen du Conseil, j'en ai été l'organe auprès du trône, on sait bien qu'il falloit que les Adresses ou Discours fussent délibérés au Conseil et communiqués à Napoléon Bonaparte ; on doit donc concevoir combien il étoit difficile de concilier ce qu'on se devoit à soi-même avec ce que ses vues politiques pouvoient demander. Il en étoit de même des rapports à faire soit au Sénat, soit au Corps législatif, sur des objets importans ; mais il faut dire aussi que dans le Conseil d'état même, lorsqu'il le présidoit, la liberté d'opinions la plus entière y étoit respectée; et si l'on devoit juger les opinions, c'est aux procès-verbaux des séances du Conseil qu'il faudroit recourir; et, certes, je ne crains pas le résultat de cet examen.

J'attends avec le sentiment naturel de l'inquiétude qu'inspire toujours la nécessité de justifier sa conduite, surtout lorsqu'on est obligé d'en rendre compte dans un temps de révolution, le jugement que les Chambres sont appelées à prononcer sur moi; mais je l'attends aussi avec ce sentiment de confiance dans l'équité des Membres des Chambres, qui repousse toute idée qu'elles se portent à renouveler contre moi, les proscriptions de 1793 ou de l'an 6.

L'Ordonnance du Roi, du 6 septembre, ajoute à ma confiance; elle me prouve tout à-la-fois que l'Ordonnance du 24 juillet n'est pas un acte d'accusation, et que Sa Majesté veut que ceux même contre lesquels on lui a donné le plus de prévention, ne soient pas privés de leurs Juges naturels, et de la sauvegarde d'une instruction régulière.

Enfin, nous éprouvons si cruellement les funestes effets de nos divisions d'opinions, qu'il semble que le Gouvernement et tous les citoyens ne devroient avoir qu'un seul et même but, le maintien et le perfectionnement de la Charte, et l'oubli respectif des erreurs politiques.

Comte DEFERMON.

Imprimerie de DOUBLET, rue Gît-le-Cœur, n. 7.

www.ingramcontent.com/pod-product-compliance
Lightning Source LLC
LaVergne TN
LVHW051132060726
842526LV00006B/2029